Prod No.:	89862
Date:	30/3/15
Title:	Remarkable Plants / Kew 5 Year Journal
Supplier:	Everbest Printing Co Ltd
TPS	180 x 140 mm upright
Extent	368 pages text and illustrations printed 4/4.
Paper	100gsm FSC Grade Yulong Pure 1.3
Binding	Sheets folded and section sewn as 23 x 16pps. Ltd & Inc editions: Books first and second lined. Spine rounded and backed. Book blocks endpapered with 140gsm woodfree paper printed 1/1 (PMS3282U). Head and tail bands reference GF103. Cased in with 2mm greyboards to be quarterbound in Wibalin Fine Linen imitation cloth reference 533 (dark green) on the spine, with 30mm of the material visible on the front and backboards, plus front and backboard PLCs as detailed above. Thames & Hudson to supply binding cloth. Spine to be foil blocked in K Foils reference CW319. Fix marker ribbon reference ST20 (GF sample book).
PLC	Print 4/0 (CYMK) on 128gsm glossy art paper, with grain parallel to the spine, matt film laminated on one side only.
Bellyband	All copies of book to have bellyband wrapped vertically around the backboard and fixed in place with clear plastic sticker where the ends of the bellyband meet on the inside of the backboard. Bellyband 317 x 95mm, prints 4/0 plus sealer varnish on 150gsm Yulong Pure.

This journal belongs to

....

JANUARY

If Winter comes, can Spring be far behind?

PERCY BYSSHE SHELLEY

20 / ....
....
....
....
....

1

JANUARY

20 / ....
....
....
....
....

20 / ....
....
....
....
....

20 / ....
....
....
....
....

20 / ....
....
....
....
....

*The sweet potato
(Ipomoea batatas) is
the tuberous root of a
tropical vine related to
the morning glory flower.
The common name
'potato' arose from early
European confusion – the
West Indian name for the
plant Columbus's men
first encountered in Haiti
was 'batatas'.*

JANUARY

'Even deep snow
gives time for
cleaning, thrashing
and sorting seeds,
preparing stakes
and pea-sticks, tying
mats, sorting bulbs,
and many similar
sorts of employment.'
WILLIAM COBBETT

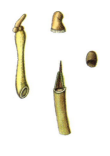

20 / ....

20 / ....

20 / ....

20 / ....

20 / ....

3

JANUARY

20   /...
....
....
....
....

20   /...
....
....
....
....

20   /...
....
....
....
....

20   /...
....
....
....
....

20   /...
....
....
....
....

4

JANUARY

20   / ....
....
....
....

20   / ....
....
....
....

20   / ....
....
....
....

20   / ....
....
....
....

20   / ....
....
....
....

JANUARY

20 / ....
....
....
....
....

20 / ....
....
....
....
....

20 / ....
....
....
....
....

20 / ....
....
....
....
....

20 / ....
....
....
....
....

6

JANUARY

20 / ....
....
....
....
....

20 / ....
....
....
....
....

20 / ....
....
....
....
....

20 / ....
....
....
....
....

20 / ....
....
....
....
....

JANUARY

20 /...

....

....

....

....

20 /...

....

....

....

....

20 /...

....

....

....

....

20 /...

....

....

....

....

20 /...

....

....

....

....

'As my complaint has
something in it that
at least puts me in
mind of scurvy I took
up the lemon Juice
put up by Dr Hulmes
direction.... The small
[cask] in which was
lemon juice with one
fifth of brandy was
also very good.'
JOSEPH BANKS

8

JANUARY

20 /

20 /

20 /

20 /

20 /

20 /...
....
....
....
....

JANUARY

20 /...
....
....
....
....

20 /...
....
....
....
....

20 /...
....
....
....
....

20 /...
....
....
....
....

10

JANUARY

20 / ....

20 / ....

20 / ....

20 / ....

20 / ....

20   /..

....

....

....

....

JANUARY

20   /..

....

....

....

....

20   /..

....

....

....

....

20   /..

....

....

....

....

20   /..

....

....

....

....

12

JANUARY

20 / ....
....
....
....
....

20 / ....
....
....
....
....

20 / ....
....
....
....
....

20 / ....
....
....
....
....

20 / ....
....
....
....
....

20 /...

....

....

....

....

JANUARY

20 /...

....

....

....

....

20 /...

....

....

....

....

20 /...

....

....

....

....

'"The time
has come," the
Walrus said,
"To talk of many
things: Of shoes and
ships and sealing-wax
Of cabbages
and kings…"'
LEWIS CARROLL

20 /...

....

....

....

....

14

JANUARY

20   / ....
....
....
....
....

20   / ....
....
....
....
....

20   / ....
....
....
....
....

20   / ....
....
....
....
....

20   / ....
....
....
....
....

15

JANUARY

20 /

20 /

16

JANUARY

'But let the months
go round, a few
short months,
And all shall be
restor'd.
These naked
shoots....
Shall put their
graceful foliage
on again.'
WILLIAM COWPER

20   /..
....
....
....
....

20   /..
....
....
....
....

20   /..
....
....
....
....

20   /..
....
....
....
....

20   /..
....
....
....
....

20 /...

....

....

....

JANUARY

20 /...

....

....

....

....

20 /...

....

....

....

....

20 /...

....

....

....

....

20 /...

....

....

....

....

18

JANUARY

20 /..
....
....
....
....

20 /..
....
....
....
....

20 /..
....
....
....
....

20 /..
....
....
....
....

20 /..
....
....
....

19

JANUARY

20 / ....

20 / ....

'I do hold it in the
royal ordering of
Gardens, there ought
to be gardens for
all the months in
the year, in which,
severally, things
of beauty may then
be in season.'

FRANCIS BACON

20 / ....

20 / ....

20 / ....

20

JANUARY

20   /..
....
....
....
....

20   /..
....
....
....
....

20   /..
....
....
....
....

20   /..
....
....
....
....

20   /..
....
....
....
....

20 /...
....
....
....
....

JANUARY

20 /...
....
....
....
....

20 /...
....
....
....
....

20 /...
....
....
....
....

'For lo, the winter
is past, the rain is
over and gone;
The flowers appear
on the earth, the time
of singing of birds is
come and the voice
of the turtle is
heard in our land.
The fig tree putteth
forth her green figs,
and the vines with
the tender grape give
a good smell.'
SONG OF SOLOMON

20 /...
....
....
....
....

22

JANUARY

20 /..

20 /..

20 /..

20 /..

20 /..

23

JANUARY

20   /...

....

....

....

20   /...

....

....

....

20   /...

....

....

....

20   /...

....

....

....

20   /...

....

....

....

24

JANUARY

20   /...
....
....
....

20   /...
....
....
....

20   /...
....
....
....

20   /...
....
....
....

20   /...
....
....
....

25

JANUARY

20 / ....
....
....
....
....

20 / ....
....
....
....
....

20 / ....
....
....
....
....

20 / ....
....
....
....
....

20 / ....
....
....
....
....

26

JANUARY

20   /

20   /

20   /

20   /

20   /

27

JANUARY

20 /..
....
....
....
....

20 /..
....
....
....
....

20 /..
....
....
....
....

20 /..
....
....
....
....

20 /..
....
....
....
....

28

JANUARY

20 /

20 /

20 /

20 /

20 /

29

JANUARY

'Against mickle cold;
take nettles, seethe
them in oil, smear
and rub all thine
body therewith: the
cold will depart away.'
LEECHBOOK OF BALD

20 / ....

....

....

....

....

20 / ....

....

....

....

....

20 / ....

....

....

....

....

20 / ....

....

....

....

....

20 / ....

....

....

....

....

30

JANUARY

'There followeth,
for the latter part of
January and February,
the Mezereon-
tree, which then
blossoms: Crocus
Vernus ... Primroses,
Anemones, the early
Tulip, the Hyacinthus
Orientalis, Chamairis
Fritillaria.'
FRANCIS BACON

20   /..

20   /..

20   /..

20   /..

20   /..

20   /...
....
....
....
....

JANUARY

20   /...
....
....
....
....

20   /...
....
....
....
....

20   /...
....
....
....

20   /...
....
....
....

FEBRUARY

In seed time learn, in harvest teach, in winter enjoy.

WILLIAM BLAKE

20 / ....

....

....

....

....

FEBRUARY

20 / ....

....

....

....

....

20 / ....

....

....

....

....

20 / ....

....

....

....

....

20 / ....

....

....

....

....

*The opium poppy
(Papaver somniferum),
generally white, has
long been deliberately
grown for its product
used in medicine for
pain control and treating
many diseases, or for
producing sleep.
The poppy was in fact
among the earliest
cultivated plants.*

2

FEBRUARY

'I wonder if the
sap is stirring yet,
If wintry birds are
dreaming of a mate,
If frozen snowdrops
feel as yet the sun
And crocus fires are
kindling one by one.'
CHRISTINA ROSSETTI

20   /..
....
....
....
....

20   /..
....
....
....
....

20   /..
....
....
....
....

20   /..
....
....
....
....

20   /..
....
....
....
....

FEBRUARY

20   /..
....
....
....
....

20   /..
....
....
....
....

20   /..
....
....
....
....

20   /..
....
....
....
....

20   /..
....
....
....
....

4

FEBRUARY

20   /

20   /

20   /

20   /

20   /

20 / ....

20 / ....

FEBRUARY

'At home and the
office all the morning.
Walking in the garden
to give the gardener
directions what to
do this year (for
I intend to have the
garden handsome).'

SAMUEL PEPYS

20 / ....

20 / ....

20 / ....

FEBRUARY

20 /...
....
....
....
....

20 /...
....
....
....
....

20 /...
....
....
....
....

20 /...
....
....
....
....

20 /...
....
....
....

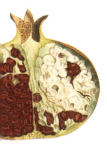

FEBRUARY

20 /...
....
....
....
....

20 /...
....
....
....
....

20 /...
....
....
....
....

20 /...
....
....
....
....

20 /...
....
....
....
....

8

FEBRUARY

20   /...
....
....
....
....

20   /...
....
....
....
....

20   /...
....
....
....
....

20   /...
....
....
....
....

20   /...
....
....
....
....

20 /...
....
....
....
....

FEBRUARY

20 /...
....
....
....
....

20 /...
....
....
....
....

20 /...
....
....
....
....

20 /...
....
....
....
....

10

FEBRUARY

20 /..

20 /..

20 /..

20 /..

20 /..

20 / ....

....

....

....

....

20 / ....

....

....

....

....

20 / ....

....

....

....

....

20 / ....

....

....

....

....

20 / ....

....

....

....

....

FEBRUARY

'And palm-trees from
whose branches
proceed clusters
of dates hanging
close together; and
gardens of grapes,
and olives, and
pomegranates.'
QUR'AN

12

FEBRUARY

20   /...
....
....
....
....

20   /...
....
....
....
....

20   /...
....
....
....
....

20   /...
....
....
....
....

20   /...
....
....
....

13

FEBRUARY

20　/..
....
....
....
....

20　/..
....
....
....
....

20　/..
....
....
....
....

20　/..
....
....
....
....

20　/..
....
....
....
....

14

FEBRUARY

'By a river in a green
mead, where is
evermore sweetness
enough, I saw
a garden, full
of blossomy
boughs, with white,
blue, yellow
and red flowers.'
GEOFFREY CHAUCER

20 /..

20 /..

20 /..

20 /..

20 /..

15

FEBRUARY

20   /..

20   /..

20   /..

20   /..

20   /..

16

FEBRUARY

20   /...
....
....
....
....

20   /...
....
....
....
....

20   /...
....
....
....
....

20   /...
....
....
....
....

20   /...
....
....
....

20   /...

17

FEBRUARY

20   /...

20   /...

20   /...

20   /...

18

FEBRUARY

20   / ....
....
....
....
....

20   / ....
....
....
....
....

20   / ....
....
....
....
....

20   / ....
....
....
....
....

20   / ....
....
....
....
....

FEBRUARY

20 / ....

20 / ....

20 / ....

20 / ....

20 / ....

'Our Saxon ancestors
certainly had some
sort of cabbage,
because they call
the month of
February sprout-cale;
but, long after their
days, the cultivation
of gardens was
little attended to.'
GILBERT WHITE

20

FEBRUARY

20 /

20 /

20 /

20 /

20 /

21

FEBRUARY

20 / ....
....
....
....
....

20 / ....
....
....
....
....

20 / ....
....
....
....
....

20 / ....
....
....
....
....

20 / ....
....
....
....
....

22

FEBRUARY

'Here blithelier
springs the corn,
and here the grape,
There earth is
green with tender
growth of trees
And grass unbidden.
See how from
Tmolus comes
the saffron's
fragrance.'
VIRGIL

20 /

20 /

20 /

20 /

20 /

FEBRUARY

20 / ....

20 / ....

20 / ....

20 / ....

20 / ....

24

FEBRUARY

20 / ....
....
....
....
....

20 / ....
....
....
....
....

20 / ....
....
....
....
....

'Through
primrose tufts,
in that sweet bower,
The periwinkle
trailed its wreaths;
And 'tis my faith that
every flower
Enjoys the air
it breathes.'
WILLIAM
WORDSWORTH

20 / ....
....
....
....
....

20 / ....
....
....
....
....

25

FEBRUARY

20 /..
....
....
....
....

20 /..
....
....
....
....

20 /..
....
....
....
....

20 /..
....
....
....
....

20 /..
....
....
....

26

FEBRUARY

20 /...
....
....
....
....

20 /...
....
....
....
....

20 /...
....
....
....
....

20 /...
....
....
....
....

20 /...
....
....
....
....

27

FEBRUARY

20 /..
....
....
....
....

20 /..
....
....
....
....

20 /..
....
....
....
....

20 /..
....
....
....
....

20 /..
....
....
....

28

FEBRUARY

20 /.......................................
....
....
....
....

20 /.......................................
....
....
....
....

20 /.......................................
....
....
....
....

20 /.......................................
....
....
....
....

20 /.......................................
....
....
....
....

29

20 /..
....
....
....
....

20 /..
....
....
....
....

20 /..
....
....
....
....

20 /..
....
....
....
....

20 /..
....
....
....
....

FEBRUARY

'You must now dig
and prepare your
ground for Carrots,
Onions, Leeks,
Radishes, Spinach,
and Cabbage-
Lettuce.'
PHILIP MILLER

MARCH

This spring as it comes bursts up in bonfires green.

D. H. LAWRENCE

20 / ....
....
....
....
....

20 / ....
....
....
....
....

20 / ....
....
....
....
....

20 / ....
....
....
....
....

20 / ....
....
....
....
....

MARCH

The jackfruit (Artocarpus heterophyllus), a relative of the breadfruit, is thought to have originated in India's Western Ghats and is used as a vegetable and fruit. It is an important food source in the subcontinent.

2

MARCH

'March is a month of promises – some kept, some thrown into discard. To the owner of a garden it seems to me the most exciting and provocative month of the year.'
LOUISE BEEBE WILDER

20 /..

20 /..

20 /..

20 /..

20 /..

3

MARCH

20   / ....
....
....
....

20   / ....
....
....
....

20   / ....
....
....
....

20   / ....
....
....
....

20   / ....
....
....
....

4

MARCH

20   /..
....
....
....
....

20   /..
....
....
....
....

20   /..
....
....
....
....

20   /..
....
....
....
....

20   /..
....
....
....
....

MARCH

*'Make readie
a plot for seedes
for the pot.
For garden best,
is south southwest.'*
THOMAS TUSSER

20 / ....
....
....
....
....

20 / ....
....
....
....
....

20 / ....
....
....
....
....

20 / ....
....
....
....
....

20 / ....
....
....
....
....

MARCH

20 /...
....
....
....
....

20 /...
....
....
....
....

20 /...
....
....
....
....

20 /...
....
....
....
....

20 /...
....
....
....
....

20   /..
....
....
....
....

20   /..
....
....
....
....

20   /..
....
....
....
....

20   /..
....
....
....
....

20   /..
....
....
....
....

MARCH

'The peach trees
at Monticello in
blossom. We have
had the most
favorable winter ever
known in the memory
of man. Not more
than three or four
snows to cover
the ground.'
THOMAS JEFFERSON

8

MARCH

20 /

20 /

20 /

20 /

20 /

MARCH

20 / ....

20 / ....

20 / ....

20 / ....

20 / ....

10

MARCH

20   /

20   /

20   /

20   /

20   /

MARCH

20 /..
....
....
....

20 /..
....
....
....
....

20 /..
....
....
....
....

20 /..
....
....
....
....

20 /..
....
....
....
....

12

MARCH

'For March, there
come Violets,
especially the single
blue, which are the
earliest; the yellow
Daffodil, the Daisy,
the Almond-tree in
blossom, the Peach-
tree in blossom,
the Cornelian-tree
in blossom,
Sweet-Briar.'
FRANCIS BACON

20 /..

20 /..

20 /..

20 /..

20 /..

20   /...

20   /...

20   /...

20   /...

20   /...

13

MARCH

14

MARCH

20   / ....
....
....
....

20   / ....
....
....
....

20   / ....
....
....
....

20   / ....
....
....
....

20   / ....
....
....
....

15

MARCH

20   /

20   /

20   /

20   /

20   /

16

MARCH

'All the seeds were
in good order,
except the Allspice
seed, which was
musty. Perhaps that
was owing to the
dampness of the
roots put up for
Sir Hans Sloane.
For the future, put up
no moist thing with
the seeds, but send
them in a little box
by themselves.'
PETER COLLINSON

20   /

20   /

20   /

20   /

20   /

17

MARCH

20 /..
....
....
....
....

20 /..
....
....
....
....

20 /..
....
....
....
....

20 /..
....
....
....
....

20 /..
....
....
....
....

18

MARCH

20 / ....

20 / ....

20 / ....

20 / ....

20 / ....

19

MARCH

20 /..

20 /..

20 /..

20 /..

20 /..

20

MARCH

20 /

20 /

20 /

20 /

20 /

21

MARCH

20 / ....

20 / ....

20 / ....

20 / ....

'Daffodils,
That come before
the swallow
dares, and take
The winds of March
with beauty.'
WILLIAM
SHAKESPEARE

20 / ....

22

MARCH

'The flowering
plum is the earliest
to blossom,
She alone has the
gift of recognizing
spring.'
XIAO GANG

20   /

20   /

20   /

20   /

20   /

23

MARCH

20 /..

20 /..

20 /..

20 /..

20 /..

24

MARCH

20   /

20   /

20   /

20   /

20   /

MARCH

20 /

20 /

20 /

20 /

20 /

26

MARCH

'In the spring of the yeare joy springs afresh in beholding the seeds, and young Grafts and Plants spring forth vigorously and strongly. And the buds and blossomes breathing forth.'
RALPH AUSTEN

20 / ....
....
....
....
....

20 / ....
....
....
....
....

20 / ....
....
....
....
....

20 / ....
....
....
....
....

20 / ....
....
....
....
....

27

MARCH

20 /..

....

....

....

....

20 /..

....

....

....

....

20 /..

....

....

....

....

20 /..

....

....

....

....

20 /..

....

....

....

....

28

MARCH

20   /

20   /

20   /

20   /

20   /

20 / ....

....

....

....

20 / ....

....

....

....

20 / ....

....

....

....

20 / ....

....

....

....

20 / ....

....

....

....

29

MARCH

30

MARCH

'And the Spring arose
on the garden fair,
Like the Spirit of Love
felt everywhere;
And each flower
and herb on Earth's
dark breast
Rose from the dreams
of its wintry rest.'
PERCY BYSSHE
SHELLEY

20 /...

20 /...

20 /...

20 /...

20 /...

31

MARCH

20 /..
....
....
....
....

20 /..
....
....
....
....

20 /..
....
....
....
....

20 /..
....
....
....
....

20 /..
....
....
....
....

APRIL

A flower expected everywhere.

EMILY DICKINSON

APRIL

20 / ....
....
....
....
....

20 / ....
....
....
....
....

20 / ....
....
....
....
....

20 / ....
....
....
....
....

20 / ....
....
....
....
....

Rheum spiciforme, like most of the sixty species of rhubarb, is native to the countries of and fringing the Qinghai–Tibetan Plateau, 'the roof of the world'. The low-growing habit of R. spiciforme may be an adaptation to the damaging winds blowing at the great altitudes where it is found.

2

APRIL

20   /..
    ....
    ....
    ....

20   /..
    ....
    ....
    ....

20   /..
    ....
    ....
    ....

20   /..
    ....
    ....
    ....

20   /..
    ....
    ....
    ....

APRIL

'From you have
I been absent
in the spring,
When proud-pied
April dress'd
in all his trim
Hath put a spirit
of youth in
every thing.'
WILLIAM
SHAKESPEARE

20 /...

....

....

....

....

20 /...

....

....

....

....

20 /...

....

....

....

....

20 /...

....

....

....

....

20 /...

....

....

....

....

4

APRIL

20 /

20 /

20 /

20 /

'One attraction
in coming to the
woods to live
was that I should
have leisure and
opportunity to see
the spring come in.'
HENRY DAVID
THOREAU

20 /

APRIL

20 /..
....
....
....
....

20 /..
....
....
....
....

20 /..
....
....
....
....

20 /..
....
....
....
....

20 /..
....
....
....
....

APRIL

20 /

20 /

20 /

20 /

20 /

7

APRIL

20   /..
....
....
....
....

20   /..
....
....
....
....

20   /..
....
....
....
....

20   /..
....
....
....
....

20   /..
....
....
....

8

APRIL

20 /

20 /

20 /

20 /

20 /

20 / ....

20 / ....

APRIL

20 / ....

20 / ....

20 / ....

10

APRIL

20   /

20   /

20   /

20   /

20   /

20 /...

APRIL

20 /...

20 /...

20 /...

20 /...

12

APRIL

'Here I wander
in April
Cold, grey-headed;
and still to my
Heart, Spring comes
with a bound, Spring
the deliverer,
Spring, song-leader
in woods, chorally
resonant;
Spring, flower-planter
in meadows …
dotted with bloom,
daisies and crocuses.'
ROBERT LOUIS
STEVENSON

20 /

20 /

20 /

20 /

20 /

13

APRIL

20　/..
....
....
....
....

20　/..
....
....
....
....

20　/..
....
....
....
....

20　/..
....
....
....
....

20　/..
....
....
....
....

14

APRIL

20   /...
....
....
....
....

20   /...
....
....
....
....

20   /...
....
....
....
....

20   /...
....
....
....
....

20   /...
....
....
....
....

15

APRIL

20 /...
....
....
....
....

20 /...
....
....
....
....

20 /...
....
....
....
....

20 /...
....
....
....
....

20 /...
....
....
....
....

'For head ache, take willow and oil, reduce to ashes, work to a viscid substance, add to this hemlock and carline and the red nettle, pound them.'
LEECHBOOK OF BALD

16

APRIL

20 /

20 /

20 /

20 /

20 /

APRIL

20 / ....
....
....
....

20 / ....
....
....
....

20 / ....
....
....
....

20 / ....
....
....
....

20 / ....
....
....
....

18

APRIL

20　/..
....
....
....
....

20　/..
....
....
....
....

20　/..
....
....
....
....

20　/..
....
....
....
....

20　/..
....
....
....
....

19

20 / ....

....

....

....

....

APRIL

20 / ....

....

....

....

....

'Now 'tis the spring,
and weeds are
shallow-rooted;
Suffer them now,
and they'll o'ergrow
the garden
And choke the
herbs for want
of husbandry.'
WILLIAM
SHAKESPEARE

20 / ....

....

....

....

20 / ....

....

....

....

....

20 / ....

....

....

....

....

20

APRIL

'The Garden beans
serve (as I said
before) more for the
use of the poore than
of the rich…. They
are only boyled in
faire water and a little
salt, and afterwards
stewed with some
butter, a little vinegar
and pepper being
put unto them,
and so eaten.'
JOHN PARKINSON

20   /

20   /

20   /

20   /

20   /

21

APRIL

20 /

20 /

20 /

20 /

20 /

22

APRIL

'In Aprill about S. George his day, you shall set abroad your citron and orange trees, as also all such other trees as you had kept within house from S. Martins day.'
RICHARD SURFLET

20 /

20 /

20 /

20 /

20 /

23

APRIL

20   /...
....
....
....
....

20   /...
....
....
....
....

20   /...
....
....
....
....

20   /...
....
....
....
....

20   /...
....
....
....
....

24

APRIL

20   / . . . .
. . . .
. . . .
. . . .

20   / . . . .
. . . .
. . . .
. . . .

20   / . . . .
. . . .
. . . .
. . . .

20   / . . . .
. . . .
. . . .
. . . .

20   / . . . .
. . . .
. . . .
. . . .

25

APRIL

20 / ....
....
....
....
....

20 / ....
....
....
....
....

20 / ....
....
....
....
....

20 / ....
....
....
....
....

20 / ....
....
....
....
....

26

APRIL

20   /..
....
....
....
....

20   /..
....
....
....
....

20   /..
....
....
....
....

20   /..
....
....
....
....

20   /..
....
....
....
....

27

APRIL

20 /...
....
....
....
....

20 /...
....
....
....
....

20 /...
....
....
....
....

20 /...
....
....
....
....

20 /...
....
....
....
....

28

APRIL

20 /

20 /

20 /

20 /

20 /

29

APRIL

20   /..
....
....
....

20   /..
....
....
....

20   /..
....
....
....

20   /..
....
....
....

20   /..
....
....
....

30

APRIL

20 / ....
....
....
....
....

20 / ....
....
....
....
....

20 / ....
....
....
....
....

20 / ....
....
....
....
....

20 / ....
....
....
....
....

The hybrid orchid Cypripedium morganiae (Paphiopedilum morganiae) from the Scrapbooks of John Day (1824–88), who painted his own orchids, those in London nurseries and the Royal Botanic Gardens, Kew, and some in situ in the tropics.

MAY

For like as herbs and trees bring
forth fruit and flourish in May.

SIR THOMAS MALLORY

20   /..
....
....
....
....

MAY

20   /..
....
....
....
....

20   /..
....
....
....
....

20   /..
....
....
....
....

20   /..
....
....
....
....

*Strychnos nux-vomica,
showing the smooth-
shelled orange fruits
which reach the size
of a large apple and
contain a soft, jelly-like
pulp. The wood is hard
and durable, and along
with the roots, this
exceedingly bitter-tasting
material was traditionally
used to treat fevers and
snakebite.*

MAY

20 /...
....
....
....
....

20 /...
....
....
....
....

20 /...
....
....
....
....

20 /...
....
....
....
....

20 /...
....
....
....
....

3

MAY

20   /...
....
....
....
....

20   /...
....
....
....
....

20   /...
....
....
....
....

20   /...
....
....
....
....

20   /...
....
....
....
....

4

MAY

20   /..
....
....
....
....

20   /..
....
....
....
....

20   /..
....
....
....
....

20   /..
....
....
....
....

20   /..
....
....
....
....

MAY

20   /...
....
....
....
....

20   /...
....
....
....
....

20   /...
....
....
....
....

20   /...
....
....
....
....

20   /...
....
....
....
....

'A frost which destroyed almost every thing. It killed the wheat, rye, corn, many tobacco plants, and even large saplings. The leaves of the trees were entirely killed. All the shoots of vines. At Monticello near half the fruit of every kind was killed.'
THOMAS JEFFERSON

6

MAY

20 /..
....
....
....
....

20 /..
....
....
....
....

20 /..
....
....
....
....

20 /..
....
....
....
....

20 /..
....
....
....
....

20 /..

....

....

20 /..

....

....

....

20 /..

....

....

....

20 /..

....

....

....

20 /..

....

....

....

MAY

8

MAY

20 /..
....
....
....
....

20 /..
....
....
....
....

20 /..
....
....
....
....

20 /..
....
....
....
....

20 /..
....
....
....

9

MAY

'May with his soft rains had painted this garden full of leaves and flowers. And truly the craft of man's hand had so curiously arrayed this garden that never was a garden of such beauty, unless it were paradise itself.'
GEOFFREY CHAUCER

20 /

20 /

20 /

20 /

20 /

10

MAY

'Early in May, the
oaks, hickories,
maples, and other
trees, just putting
out amidst the pine
woods around the
pond, imparted
a brightness like
sunshine to the
landscape.'
HENRY DAVID
THOREAU

20   / ....
....
....
....
....

20   / ....
....
....
....
....

20   / ....
....
....
....
....

20   / ....
....
....
....
....

20   / ....
....
....
....
....

20   /...

....

....

....

20   /...

....

....

....

....

20   /...

....

....

....

....

20   /...

....

....

....

....

20   /...

....

....

....

....

MAY

12

MAY

20 / ....
....
....
....

20 / ....
....
....
....

20 / ....
....
....
....

20 / ....
....
....
....

20 / ....
....
....
....

20 / ....

....

....

....

13

MAY

20 / ....

....

....

....

....

20 / ....

....

....

....

....

20 / ....

....

....

....

....

....

20 / ....

....

....

....

....

'Our collection of
Plants was now
grown so immensly
large that it was
necessary that some
extrordinary care
should be taken of
them lest they should
spoil in the books. I
therefore devoted this
day to that business
... spreading them
upon a sail in the sun
[keeping] them in this
manner exposd
the whole day.'
JOSEPH BANKS

14

MAY

20 / ....
....
....
....
....

20 / ....
....
....
....
....

20 / ....
....
....
....
....

20 / ....
....
....
....
....

20 / ....
....
....
....
....

15

MAY

20   /...

20   /...

20   /...

20   /...

20   /...

16

MAY

20 /..
....
....
....
....

20 /..
....
....
....
....

20 /..
....
....
....
....

'Now the bright
morning-star,
Dayes harbinger,
Comes dancing
from the East, and
leads with her
The Flowry May,
who from her
green lap throws
The yellow Cowslip
and the pale
Primrose.'
JOHN MILTON

20 /..
....
....
....
....

20 /..
....
....
....
....

MAY

20 /..
....
....
....

20 /..
....
....
....

20 /..
....
....
....

20 /..
....
....
....

20 /..
....
....
....

18

MAY

20   /

20   /

20   /

20   /

20   /

19

MAY

20 / ....
....
....
....
....

20 / ....
....
....
....
....

20 / ....
....
....
....
....

20 / ....
....
....
....
....

20 / ....
....
....
....
....

'The little garden
is crowded with
a medley of old-
fashioned herbs and
flowers ... allowed
to grow in scambling
and wild luxuriance
– roses, lavender,
sage, balm (for tea),
rosemary, pinks and
wallflowers, onions
and jessamine, in
most republican and
indiscriminate order.'
ELIZABETH GASKELL

20

MAY

20   /..
....
....
....
....

20   /..
....
....
....
....

20   /..
....
....
....
....

20   /..
....
....
....
....

20   /..
....
....
....
....

21

MAY

20 / ....
....
....
....

20 / ....
....
....
....

20 / ....
....
....
....

20 / ....
....
....
....

20 / ....
....
....
....

'I see, sir, said
Odysseus, that you
are an excellent
gardener – what
pains you take with it,
to be sure. There is
not a single plant, not
a fig tree, vine, olive,
pear, nor flower bed,
but bears the trace
of your attention.'
HOMER

22

MAY

20　/ ....
....
....
....
....

20　/ ....
....
....
....
....

20　/ ....
....
....
....
....

20　/ ....
....
....
....
....

20　/ ....
....
....
....
....

20   /...
....
....
....

23

MAY

20   /...
....
....
....

20   /...
....
....
....
....

20   /...
....
....
....
....

20   /...
....
....
....
....

24

MAY

20   /

20   /

20   /

20   /

20   /

3

JUNE

20   / ....

20   / ....

20   / ....

20   / ....

20   / ....

4

JUNE

20   /

20   /

20   /

20   /

20   /

20 / ....
....
....
....
....

20 / ....
....
....
....
....

20 / ....
....
....
....
....

20 / ....
....
....
....
....

20 / ....
....
....
....
....

5

JUNE

'I am above the forest region, amongst grand rocks & such a torrent as you see in Salvator Rosa's paintings, vegetation all a scrub of rhodod[endron]s with Pines below me as thick & bad to get through as our Fuegian Fagi on the hill tops.'
JOSEPH DALTON HOOKER

JUNE

'It is June, it is June,
the pomegranates
are in flower,
the peasants are
bending cutting the
bearded wheat.'
D. H. LAWRENCE

20 / ....

20 / ....

20 / ....

20 / ....

20 / ....

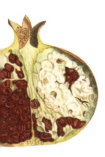

JUNE

20 /..

20 /..

20 /..

20 /..

20 /..

8

JUNE

20   /...
....
....
....
....

20   /...
....
....
....
....

20   /...
....
....
....
....

20   /...
....
....
....
....

20   /...
....
....
....
....

JUNE

20 /

20 /

20 /

20 /

20 /

10

JUNE

20   /...
....
....
....
....

20   /...
....
....
....
....

20   /...
....
....
....
....

20   /...
....
....
....
....

20   /...
....
....
....
....

20 / ....
....
....
....
....

20 / ....
....
....
....
....

20 / ....
....
....
....
....

20 / ....
....
....
....
....

20 / ....
....
....
....
....

JUNE

'After her came jolly
June, arrayed all
in green leaves,
as he a player were.'
EDMUND SPENSER

12

JUNE

20 / ....
....
....
....
....

20 / ....
....
....
....
....

20 / ....
....
....
....
....

20 / ....
....
....
....
....

20 / ....
....
....
....
....

20 /..
....
....
....

JUNE

20 /..
....
....
....

20 /..
....
....
....

20 /..
....
....
....

20 /..
....
....
....

14

JUNE

'I have a garden
of my own, but so
with roses overgrown,
and lilies, that you
would it guess to be
a little wilderness.'
ANDREW MARVELL

20   /

20   /

20   /

20   /

20   /

JUNE

20 /

20 /

20 /

20 /

20 /

16

JUNE

20   /..

....

....

....

20   /..

....

....

....

20   /..

....

....

....

20   /..

....

....

....

20   /..

....

....

....

17

JUNE

20   /

20   /

20   /

20   /

20   /

18

JUNE

20   /

20   /

20   /

20   /

20   /

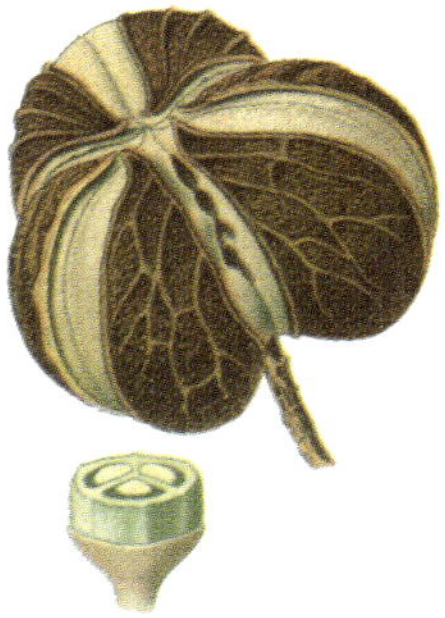

19

JUNE

20 / ....
....
....
....

20 / ....
....
....
....

20 / ....
....
....
....

20 / ....
....
....
....

'There is a June
when Corn is cut
And Roses in
the Seed—
A Summer briefer
than the first
But tenderer indeed.'
EMILY DICKINSON

20 / ....
....
....
....

20

JUNE

20   /

20   /

20   /

20   /

20   /

21

JUNE

20 /..
....
....
....
....

20 /..
....
....
....
....

20 /..
....
....
....
....

20 /..
....
....
....
....

20 /..
....
....
....
....

22

JUNE

'Day comes …
And when she sees
the withering of the
violet garden
And the Saffron
garden flowering,
The stars escaping on
their black horse
And dawn on her
white horse arriving,
She is afraid.'
EBN MAATUK

20 / ....
....
....
....
....

20 / ....
....
....
....
....

20 / ....
....
....
....
....

20 / ....
....
....
....
....

20 / ....
....
....
....
....

23

JUNE

20   /..
....
....
....

20   /..
....
....
....

20   /..
....
....
....

20   /..
....
....
....

20   /..
....
....
....

24

JUNE

20 /...
....
....
....
....

20 /...
....
....
....
....

20 /...
....
....
....
....

'The gardens are excellent; and here I first saw oranges grow: some green, some half, some a quarter, and some full ripe, on the same tree.... Here were also great variety of other exotique plants, and several labarinths, and a pretty aviary.'
SAMUEL PEPYS

20 /...
....
....
....
....

20 /...
....
....
....
....

25

JUNE

20 / ....
....
....
....

20 / ....
....
....
....

20 / ....
....
....
....

20 / ....
....
....
....

20 / ....
....
....
....

26

JUNE

20   /..
....
....
....
....

20   /..
....
....
....
....

20   /..
....
....
....
....

20   /..
....
....
....
....

20   /..
....
....
....
....

27

JUNE

20 /

20 /

20 /

20 /

20 /

28

JUNE

20 /..
....
....
....
....

20 /..
....
....
....
....

20 /..
....
....
....
....

20 /..
....
....
....
....

20 /..
....
....
....
....

29

JUNE

20 / ....
....
....
....

20 / ....
....
....
....
....

20 / ....
....
....
....
....

20 / ....
....
....
....
....

20 / ....
....
....
....
....

'Ceres, most
bounteous lady,
thy rich leas
Of wheat, rye,
barley, fetches,
oats and pease.'
WILLIAM
SHAKESPEARE

30

JUNE

20 / ....
....
....
....
....

20 / ....
....
....
....
....

20 / ....
....
....
....
....

20 / ....
....
....
....
....

The corpse flower, Rafflesia arnoldii, has the world's largest individual flower but neither roots nor leaves. A parasite, it relies upon a host, a type of vine found in Sumatra and Borneo. The flower bud bursts through the bark, opens, grows and emits the stench of putrefying flesh to attract carrion flies for pollination.

20 / ....
....
....
....
....

JULY

Hot July brings cooling showers,
Apricots and gillyflowers.

SARA COLERIDGE

JULY

20 / ....
....
....
....
....

20 / ....
....
....
....
....

20 / ....
....
....
....
....

20 / ....
....
....
....
....

20 / ....
....
....
....
....

A species of cotton,
Gossypium religiosum.
In India, where this
drawing was made, the
plant gained a reputation
for being cultivated by
mendicants or found
near temples. Different
species of cotton are
found both in the Old
and the New World.

JULY

20   /..

....

....

....

....

20   /..

....

....

....

....

20   /..

....

....

....

....

20   /..

....

....

....

....

20   /..

....

....

....

....

20   /..
....
....
....

3

JULY

20   /..
....
....
....
....

20   /..
....
....
....
....

20   /..
....
....
....
....

20   /..
....
....
....
....

4

JULY

20 / ....
....
....
....
....

20 / ....
....
....
....
....

20 / ....
....
....
....
....

20 / ....
....
....
....
....

20 / ....
....
....
....
....

JULY

'No fruit, vegetables, or flowers seem half so fine as those we have planted and cultivated ourselves.'
HENRIETTA WILSON

20 /...
....
....
....
....

20 /...
....
....
....
....

20 /...
....
....
....
....

20 /...
....
....
....
....

20 /...
....
....
....
....

JULY

20 / ....
....
....
....
....

20 / ....
....
....
....
....

20 / ....
....
....
....
....

20 / ....
....
....
....
....

20 / ....
....
....
....
....

20 /..

....

....

....

....

20 /..

....

....

....

....

20 /..

....

....

....

....

20 /..

....

....

....

....

20 /..

....

....

....

....

JULY

'The dandelions
and buttercups
Gild all the lawn;
the drowsy bee
Stumbles among
the clover-tops,
And summer
sweetens all but me.'
JAMES RUSSELL
LOWELL

8

JULY

20 /..
....
....
....
....

20 /..
....
....
....
....

20 /..
....
....
....
....

20 /..
....
....
....
....

20 /..
....
....
....
....

9

JULY

20 /...
....
....
....
....

20 /...
....
....
....
....

20 /...
....
....
....
....

20 /...
....
....
....
....

20 /...
....
....
....
....

10

JULY

20 /..
....
....
....

20 /..
....
....
....

20 /..
....
....
....

20 /..
....
....
....

20 /..
....
....
....

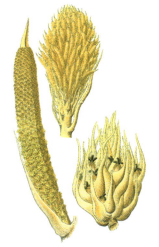

JULY

20   /..

....

....

....

20   /..

....

....

....

20   /..

....

....

....

20   /..

....

....

....

20   /..

....

....

....

12

JULY

'I sometimes
think that never
blows so red
The Rose as
where some buried
Caesar bled;
That every Hyacinth
the Garden wears
Dropt in its Lap
from some once
lovely Head.'
OMAR KHAYYAM

20 / ....
....
....
....
....

20 / ....
....
....
....
....

20 / ....
....
....
....
....

20 / ....
....
....
....
....

20 / ....
....
....
....
....

13

JULY

20 / ....
....
....
....
....

20 / ....
....
....
....
....

20 / ....
....
....
....
....

20 / ....
....
....
....
....

20 / ....
....
....
....
....

14

JULY

20   /..

20   /..

20   /..

20   /..

20   /..

15

JULY

20 / ....
....
....
....
....

20 / ....
....
....
....
....

20 / ....
....
....
....
....

20 / ....
....
....
....
....

20 / ....
....
....
....
....

16

JULY

'The plant that
beareth the blacke
Pepper groweth up
like a Vine, amongst
bushes and brambles,
where it naturally
groweth; but where it
is manured it is sowne
at the bottom of ...
Date trees, whereon
it taketh hold and
clymbeth up even
unto the top.'
JOHN GERARD

20 /

20 /

20 /

20 /

20 /

JULY

20 / ....
....
....
....

20 / ....
....
....
....

20 / ....
....
....
....

20 / ....
....
....
....

20 / ....
....
....
....

18

JULY

20 /..

20 /..

20 /..

20 /..

20 /..

20 /..

....

....

....

....

JULY

20 /..

....

....

....

....

20 /..

....

....

....

....

20 /..

....

....

....

....

20 /..

....

....

....

....

20

JULY

20   /..

20   /..

20   /..

20   /..

20   /..

20 / ....

....

....

....

....

21

JULY

20 / ....

....

....

....

....

'The Druids ... held
nothing more sacred
than the mistletoe
and the tree that
bears it, supposing
always that tree
to be the robur
[oak]. Of itself the
robur is selected by
them to form whole
groves, and they
perform none of their
religious rites
without employing
branches of it.'
PLINY THE ELDER

20 / ....

....

....

....

....

20 / ....

....

....

....

....

20 / ....

....

....

....

....

22

JULY

'A morning-glory
at my window
satisfies me more
than the metaphysics
of books.'
WALT WHITMAN

20 /

20 /

20 /

20 /

20 /

23

JULY

20 /..
....
....
....

20 /..
....
....
....

20 /..
....
....
....

20 /..
....
....
....

20 /..
....
....
....

24

JULY

20   /..
....
....
....
....

20   /..
....
....
....
....

20   /..
....
....
....
....

20   /..
....
....
....
....

20   /..
....
....
....

20   /...

....

....

....

....

JULY

20   /...

....

....

....

....

20   /...

....

....

....

....

20   /...

....

....

....

....

20   /...

....

....

....

....

26

JULY

'"As bitter as Aloes"
is a proverbial saying
of considerable
antiquity, derived
doubtless from the
acrid taste of the
medicines obtained
from the plant,
and made principally
from the pulp of
the fleshy leaf of the
Succotrine Aloe,
the leaves of which
have a remarkable
efficacy in curing
scalds and burns.'
RICHARD FOLKARD

20   /

20   /

20   /

20   /

20   /

27

JULY

20   / ....
....
....
....

20   / ....
....
....
....

20   / ....
....
....
....

20   / ....
....
....
....

20   / ....
....
....
....

28

JULY

20   /

20   /

20   /

20   /

20   /

29

JULY

20 /...

20 /...

20 /...

20 /...

20 /...

30

JULY

'Come buy
my fine roses,
My myrtles
and stocks;
My sweet
smelling balsams
And close
growing box.'
OLD LONDON
STREET CRIES

20 /..
....
....
....
....

20 /..
....
....
....
....

20 /..
....
....
....
....

20 /..
....
....
....
....

20 /..
....
....
....
....

31

JULY

20 /..
....
....
....

20 /..
....
....
....
....

20 /..
....
....
....
....

20 /..
....
....
....

20 /..
....
....
....

AUGUST

The nectarine and curious peach
into my hands themselves do reach.
ANDREW MARVELL

20 / ....

....

....

....

....

AUGUST

20 / ....

....

....

....

....

20 / ....

....

....

....

....

20 / ....

....

....

....

....

Poppies had become popular by the 16th century, manipulated into different colours and shapes from the native plants of Asia. Turkey was a major source of garden specimens. This watercolour of a red-fringed opium poppy by the German Sebastian Schedel appeared in his Calendarium (1610).

20 / ....

....

....

....

....

2

AUGUST

20 /...
....
....
....
....

20 /...
....
....
....
....

20 /...
....
....
....
....

20 /...
....
....
....
....

20 /...
....
....
....
....

20   /...
....
....
....
....

AUGUST

20   /...
....
....
....
....

'In August come
Plums of all sorts
in fruit, Pears,
Apricots, Barberries,
Filberts, Musk-
Melons, Monks-
hoods, of all colours.'
FRANCIS BACON

20   /...
....
....
....
....

20   /...
....
....
....
....

20   /...
....
....
....
....

4

AUGUST

20 / ....
....
....
....
....

20 / ....
....
....
....
....

20 / ....
....
....
....
....

'Moreover, a little garden [John Tradescant's] with divers outlandish herbes and flowers, whereof some that I had not seene elswhere but in India, being supplyed by Noblemen, Gentlemen, Sea Commaunders etts. … as they could bringe or procure from other parts.'
PETER MUNDY

20 / ....
....
....
....
....

20 / ....
....
....
....
....

AJGUST

20 /..

20 /..

20 /..

20 /..

20 /..

AUGUST

20   / ....
....
....
....
....

20   / ....
....
....
....
....

20   / ....
....
....
....
....

20   / ....
....
....
....
....

20   / ....
....
....
....
....

AUGUST

20 /..

20 /..

20 /..

20 /..

20 /..

8

AUGUST

20   /..

....

....

....

....

20   /..

....

....

....

....

20   /..

....

....

....

....

20   /..

....

....

....

....

20   /..

....

....

....

....

9

AUGUST

20 / ....
....
....
....
....

20 / ....
....
....
....
....

20 / ....
....
....
....
....

20 / ....
....
....
....
....

20 / ....
....
....
....
....

AUGUST

'Which after the
flowers are fallen,
riseth to be the fruite,
which are of the
bignesse of a small
or meane Pippin ...
of a faire pale reddish
colour, or somewhat
deeper, like unto
an Orange, full
of a slimie juice and
a watery pulpe.'
JOHN PARKINSON

20   /

20'   /

20   /

20   /

20   /

AUGUST

20 / ....
....
....
....
....

20 / ....
....
....
....
....

20 / ....
....
....
....
....

20 / ....
....
....
....
....

20 / ....
....
....
....
....

12

AUGUST

'Here are sweet peas,
on tip-toe for a flight:
With wings of
gentle flush o'er
delicate white.'
JOHN KEATS

20   /..
....
....
....
....

20   /..
....
....
....
....

20   /..
....
....
....
....

20   /..
....
....
....
....

20   /..
....
....
....
....

20 /..
....
....
....
....

AUGUST

20 /..
....
....
....
....

20 /..
....
....
....
....

20 /..
....
....
....
....

20 /..
....
....
....
....

14

AUGUST

20 /

20 /

20 /

20 /

20 /

20 /...
....
....
....
....

20 /...
....
....
....
....

20 /...
....
....
....
....

20 /...
....
....
....
....

20 /...
....
....
....
....

AUGUST

'Heaven's garden
future treasures
may yield–
Ah, make the most
of earth's treasury!
The flickering shade
of the willow-tree,
And the grass-grown
lip of the
fruitful field.'
HAFEZ

16

AUGUST

'And, most dear
actors, eat no
onions nor garlic,
for we are to utter
sweet breath.'
WILLIAM
SHAKESPEARE

20 /

20 /

20 /

20 /

20 /

20   / ....
....
....
....
....

AUGUST

20   / ....
....
....
....
....

20   / ....
....
....
....
....

20   / ....
....
....
....
....

20   / ....
....
....
....
....

18

AUGUST

20 /

20 /

20 /

20 /

20 /

20 / ....

....

....

....

....

20 / ....

....

....

....

....

AUGUST

'No occupation is
so delightful to me
as the culture of the
earth, and no culture
comparable to that
of the garden.'
THOMAS JEFFERSON

20 / ....

....

....

....

....

20 / ....

....

....

....

....

20 / ....

....

....

....

....

20

AUGUST

20 / ....
....
....
....
....

20 / ....
....
....
....
....

20 / ....
....
....
....
....

20 / ....
....
....
....
....

20 / ....
....
....
....

21

AUGUST

20   / ....
....
....
....
....

20   / ....
....
....
....
....

20   / ....
....
....
....
....

20   / ....
....
....
....
....

20   / ....
....
....
....
....

22

AUGUST

'Wasps ... fix upon
the finest fruit, and,
in some seasons,
long before it be
ripe. They will eat a
green-gage plum to a
shell; and, while they
spoil your fruit, they
will not scruple to
sting you if you come
to interrupt their
enjoyment.'
WILLIAM COBBETT

20   /

20   /

20   /

20   /

20   /

AUGUST

20 /...
....
....
....

20 /...
....
....
....

20 /...
....
....
....

20 /...
....
....
....

20 /...
....
....
....

24

AUGUST

20   /

20   /

20   /

20   /

20   /

20   / ....

....

....

....

....

20   / ....

....

....

....

....

20   / ....

....

....

....

....

20   / ....

....

....

....

....

20   / ....

....

....

....

....

25

AUGUST

26

AUGUST

20 /..

20 /..

20 /..

20 /..

20 /..

20   /..

20   /..

27

AUGUST

20   /..

20   /..

20   /..

20   /..

28

AUGUST

'Tis the last
rose of summer
Left blooming alone:
All her lovely
companions
Are faded and gone.'
THOMAS MOORE

20   /..
....
....
....
....

20   /..
....
....
....
....

20   /..
....
....
....
....

20   /..
....
....
....
....

20   /..
....
....
....
....

20   /..

....

....

....

....

20   /..

....

....

....

....

20   /..

....

....

....

....

20   /..

....

....

....

....

20   /..

....

....

....

....

29

AJGUST

30

AUGUST

20 /..
....
....
....
....

20 /..
....
....
....
....

20 /..
....
....
....
....

20 /..
....
....
....
....

20 /..
....
....
....
....

31

20 / ....

....

....

....

....

AUGUST

20 / ....

....

....

....

....

20 / ....

....

....

....

....

20 / ....

....

....

....

....

20 / ....

....

....

....

....

SEPTEMBER

Departing summer hath assumed
An aspect tenderly illumed.

WILLIAM WORDSWORTH

20 / ....
....
....
....
....

20 / ....
....
....
....
....

20 / ....
....
....
....
....

20 / ....
....
....
....
....

20 / ....
....
....
....
....

1

SEPTEMBER

Medieval Arabic texts first mention coffee, and for several centuries its use was confined to northern Africa and southwestern Asia. In Europe, despite its easy availability as a beverage, coffee was initially often regarded as a medicinal substance.

SEPTEMBER

'Season of mists and
mellow fruitfulness,
Close bosom-friend
of the maturing sun;
Conspiring with him
how to load and bless
With fruit the vines
that round the
thatch-eves run.'
JOHN KEATS

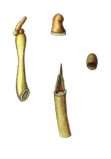

20   /

20   /

20   /

20   /

20   /

3

SEPTEMBER

20 /..
....
....
....
....

20 /..
....
....
....
....

20 /..
....
....
....
....

20 /..
....
....
....
....

20 /..
....
....
....
....

4

SEPTEMBER

20   /

20   /

20   /

20   /

20   /

SEPTEMBER

20 /..

20 /..

20 /..

20 /..

20 /..

6

SEPTEMBER

20   /...
....
....
....
....

20   /...
....
....
....
....

20   /...
....
....
....
....

20   /...
....
....
....
....

20   /...
....
....
....
....

20   / ....

....

....

....

....

SEPTEMBER

20   / ....

....

....

....

....

20   / ....

....

....

....

....

20   / ....

....

....

....

....

....

'Gather fruites, and
flowers, as neere as
you can to the time
of the full Moone; for
then have they most
vertue, being most
full of juyce.'
THOMAS LAKES

20   / ....

....

....

....

....

SEPTEMBER

20 /

20 /

20 /

20 /

20 /

SEPTEMBER

20 / ....
....
....
....
....

20 / ....
....
....
....
....

20 / ....
....
....
....
....

20 / ....
....
....
....
....

20 / ....
....
....
....
....

'Around thee have
I girt a zone of
sugar cane to
banish hate.
That thou mayst be
in love with me, my
darling never
to depart.'
HYMNS OF THE
ATHARVA VEDA

10

SEPTEMBER

20 /...
....
....
....
....

20 /...
....
....
....
....

20 /...
....
....
....
....

20 /...
....
....
....
....

20 /...
....
....
....

20 /..
    ....
    ....
    ....
    ....

SEPTEMBER

20 /..
    ....
    ....
    ....
    ....

20 /..
    ....
    ....
    ....
    ....

20 /..
    ....
    ....
    ....
    ....

20 /..
    ....
    ....
    ....
    ....

12

SEPTEMBER

'We proceeded therefore with much caution, looking carefully about us, myself and the Dr looking for plants at the edge of the wood and the rest walking along the Beach. In about 200 yards from our landing we came to a grove of Cocoa nut trees of a very small growth but well hung with fruit.'
JOSEPH BANKS

20   / ....
....
....
....
....

20   / ....
....
....
....
....

20   / ....
....
....
....
....

20   / ....
....
....
....
....

20   / ....
....
....
....
....

20 / ....
....
....
....
....

SEPTEMBER

20 / ....
....
....
....
....

20 / ....
....
....
....
....

20 / ....
....
....
....
....

20 / ....
....
....
....
....

14

SEPTEMBER

20   / ....
....
....
....
....

20   / ....
....
....
....
....

20   / ....
....
....
....
....

20   / ....
....
....
....
....

20   / ....
....
....
....
....

15

SEPTEMBER

20   /..

....

....

....

20   /..

....

....

....

20   /..

....

....

....

20   /..

....

....

....

20   /..

....

....

....

16

SEPTEMBER

'Nor Spring,
nor Summer Beauty
hath such grace
As I have seen in one
Autumnall face.'
JOHN DONNE

20 /

20 /

20 /

20 /

20 /

20 / ....
....
....
....
....

SEPTEMBER

20 / ....
....
....
....
....

20 / ....
....
....
....
....

20 / ....
....
....
....
....

20 / ....
....
....
....
....

18

SEPTEMBER

20   /..

20   /..

20   /..

20   /..

20   /..

19

SEPTEMBER

20 /..
....
....
....
....

20 /..
....
....
....
....

20 /..
....
....
....
....

20 /..
....
....
....
....

20 /..
....
....
....
....

'There is no such
thing as a style fitted
for every situation;
only one who knows
and studies the
ground will ever
make the best of
a garden, and any
"style" may be right
where the site fits it.'
WILLIAM ROBINSON

20

SEPTEMBER

20   /...
....
....
....
....

20   /...
....
....
....
....

20   /...
....
....
....
....

20   /...
....
....
....
....

20   /...
....
....
....
....

20   / ....
....
....
....
....

SEPTEMBER

20   / ....
....
....
....
....

20   / ....
....
....
....
....

20   / ....
....
....
....
....

'Wall-fruit abounds
with me this year: but
my grapes, that used
to be forward and
good, are at present
backward beyond all
precedent: and this is
not the worst of the
story; for the same
ungenial weather ...
has injured the more
necessary fruits
of the earth.'
GILBERT WHITE

20   / ....
....
....
....
....

22

SEPTEMBER

20   / ....
....
....
....
....

20   / ....
....
....
....
....

20   / ....
....
....
....
....

20   / ....
....
....
....
....

20   / ....
....
....
....
....

23

SEPTEMBER

20   /..
....
....
....
....

20   /..
....
....
....
....

20   /..
....
....
....
....

20   /..
....
....
....
....

20   /..
....
....
....

24

SEPTEMBER

20 / ....
....
....
....

20 / ....
....
....
....

20 / ....
....
....
....

20 / ....
....
....
....

20 / ....
....
....
....

25

SEPTEMBER

20 /..
....
....
....
....

20 /..
....
....
....
....

20 /..
....
....
....
....

20 /..
....
....
....
....

20 /..
....
....
....
....

26

SEPTEMBER

20 /

20 /

20 /

20 /

20 /

20   /..
....
....
....
....

SEPTEMBER

20   /..
....
....
....
....

20   /..
....
....
....
....

20   /..
....
....
....
....

20   /..
....
....
....
....

28

SEPTEMBER

20 /..

20 /..

20 /..

20 /..

20 /..

20 /..

....

....

....

....

20 /..

....

....

....

....

20 /..

....

....

....

....

20 /..

....

....

....

....

20 /..

....

....

....

....

SEPTEMBER

'Give a man the
secure possession
of a bleak rock, and
he will turn it into a
garden; give him
a nine years lease
of a garden, and
he will convert
it into a desert.'
ARTHUR YOUNG

30

SEPTEMBER

20 / ....
....
....
....
....

20 / ....
....
....
....
....

20 / ....
....
....
....
....

20 / ....
....
....
....
....

An ear of barley (Hordeum vulgare), beautifully displaying its long awns – the stiff bristles extending from the husk of the grain. Barley was used extensively for brewing as well as for bread.

20 / ....
....
....
....
....

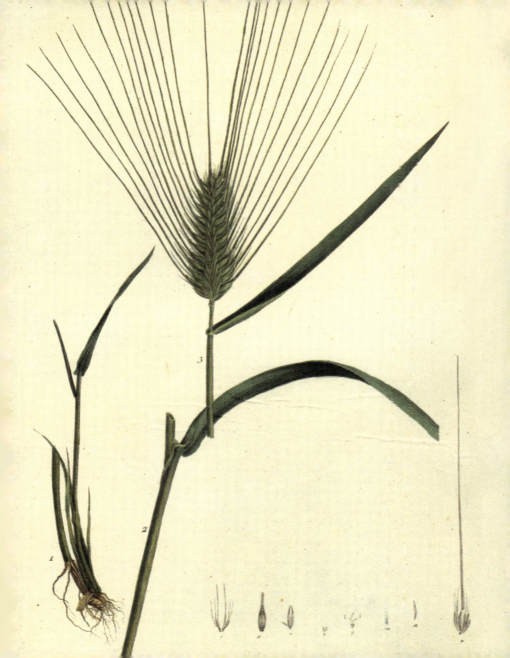

OCTOBER

Autumn is the mellower season, and what we
lose in flowers we more than gain in fruits.

SAMUEL BUTLER

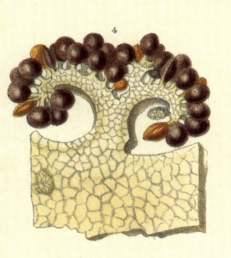

OCTOBER

20 / ....
....
....
....
....

20 / ....
....
....
....
....

20 / ....
....
....
....
....

20 / ....
....
....
....
....

20 / ....
....
....
....
....

'The parts of the fruit of Vanilla planifolia', the vanilla orchid. The botanist and orchid specialist John Lindley and renowned artist Francis Bauer teamed up to produce illustrations for Orchidaceous Plants (1830–38), which has been described as a foundation work on orchids.

OCTOBER

'It was a peaceful autumn day. The gilding of the Indian summer mellowed the pastures far and wide. The russet woods stood ripe to be stript, but were yet full of leaf. The purple of heath-bloom, faded but not withered, tinged the hills ... its time of flowers and even of fruit was over; but a scanting of apples enriched the trees.'
CHARLOTTE BRONTË

20 /..

20 /..

20 /..

20 /..

20 /..

20   /...
....
....
....
....

OCTOBER

20   /...
....
....
....
....

20   /...
....
....
....
....

20   /...
....
....
....
....

20   /...
....
....
....
....

4

OCTOBER

20 /..
....
....
....
....

20 /..
....
....
....
....

20 /..
....
....
....
....

20 /..
....
....
....
....

20 /..
....
....
....
....

20 / ....

....

....

....

....

OCTOBER

20 / ....

....

....

....

....

'And here [Evelyn]
showed me his
gardens, which
are for variety of
evergreens, and
hedge of holly,
the finest things I
ever saw in my life.
Thence in his coach
to Greenwich ... all
the way having fine
discourse of trees
and the nature of
vegetables.'
SAMUEL PEPYS

20 / ....

....

....

....

....

20 / ....

....

....

....

....

20 / ....

....

....

....

....

OCTOBER

20 /

20 /

20 /

20 /

20 /

OCTOBER

20 /..

....

....

....

....

20 /..

....

....

....

....

20 /..

....

....

....

....

20 /..

....

....

....

....

20 /..

....

....

....

....

8

OCTOBER

'From time to time,
a liquor prepared
from cocoa ... was
presented to him
in golden cups....
I observed a number
of jars, above fifty,
brought in, filled
with foaming
chocolate, of which
he took some.'
BERNAL DIAZ
DEL CASTILLO

20   /

20   /

20   /

20   /

20   /

9

OCTOBER

20   /..
....
....
....
....

20   /..
....
....
....
....

20   /..
....
....
....
....

20   /..
....
....
....
....

20   /..
....
....
....
....

10

OCTOBER

20 /...
....
....
....
....

20 /...
....
....
....
....

20 /...
....
....
....
....

20 /...
....
....
....
....

20 /...
....
....
....
....

20 / ....

....

....

....

....

20 / ....

....

....

....

....

20 / ....

....

....

....

....

20 / ....

....

....

....

....

20 / ....

....

....

....

....

11

OCTOBER

12

OCTOBER

20   /..
....
....
....
....

20   /..
....
....
....
....

20   /..
....
....
....
....

20   /..
....
....
....
....

20   /..
....
....
....

13

OCTOBER

20 /...
....
....
....
....

20 /...
....
....
....
....

20 /...
....
....
....
....

20 /...
....
....
....
....

20 /...
....
....
....

14

OCTOBER

'All in a Garden fair
I sate, and spied
The Tulips dancing,
dancing side by side
with scarlet turbans
dressed.'
SA'ID

20   / ....
....
....
....
....

20   / ....
....
....
....
....

20   / ....
....
....
....
....

20   / ....
....
....
....
....

20   / ....
....
....
....
....

OCTOBER

20 /..

....

....

....

....

20 /..

....

....

....

....

20 /..

....

....

....

....

20 /..

....

....

....

....

20 /..

....

....

....

....

16

OCTOBER

20   /..
....
....
....

20   /..
....
....
....

20   /..
....
....
....

20   /..
....
....
....

20   /..
....
....
....

20   /..
....
....
....
....

17

OCTOBER

20   /..
....
....
....
....

20   /..
....
....
....
....

20   /..
....
....
....
....

20   /..
....
....
....
....

18

OCTOBER

20 / ....
....
....
....
....

20 / ....
....
....
....
....

20 / ....
....
....
....
....

20 / ....
....
....
....
....

20 / ....
....
....
....
....

OCTOBER

20 / ....
....
....
....
....

20 / ....
....
....
....
....

20 / ....
....
....
....
....

20 / ....
....
....
....
....

20 / ....
....
....
....
....

20

OCTOBER

20 /...
....
....
....

20 /...
....
....
....

20 /...
....
....
....

20 /...
....
....
....

20 /...
....
....
....

20   /..
....
....
....
....

20   /..
....
....
....
....

20   /..
....
....
....
....

20   /..
....
....
....
....

20   /..
....
....
....
....

21

OCTOBER

'There is another tree
in India, of still larger
size, and even more
remarkable for the
size and sweetness of
its fruit, upon which
the sages of India
live. The leaf of this
tree resembles, in
shape, the wing of
a bird, being three
cubits in length,
and two in breadth.'
PLINY THE ELDER

22

OCTOBER

'Then came the
Automne, all in
yellow clad,
As though he joyed in
his plentious store,
Laden with fruits
that made him
laugh, full glad.'
EDMUND SPENSER

20 /

20 /

20 /

20 /

20 /

20 / ....

....

....

....

....

OCTOBER

20 / ....

....

....

....

....

20 / ....

....

....

....

....

20 / ....

....

....

....

....

20 / ....

....

....

....

....

24

OCTOBER

'Plant Gooseberries,
Currants, Raspberries
and Strawberries, that
they may take root
before winter.'
PHILIP MILLER

20   /...
....
....
....
....

20   /...
....
....
....
....

20   /...
....
....
....
....

20   /...
....
....
....
....

20   /...
....
....
....
....

20   /..
....
....
....
....

OCTOBER

20   /..
....
....
....
....

20   /..
....
....
....
....

20   /..
....
....
....
....

20   /..
....
....
....
....

26

OCTOBER

20 / ....
....
....
....
....

20 / ....
....
....
....
....

20 / ....
....
....
....
....

20 / ....
....
....
....
....

20 / ....
....
....
....
....

27

OCTOBER

20 /..
....
....
....
....

20 /..
....
....
....
....

20 /..
....
....
....
....

20 /..
....
....
....
....

20 /..
....
....
....
....

28

OCTOBER

20   /..
....
....
....
....

20   /..
....
....
....
....

20   /..
....
....
....
....

20   /..
....
....
....
....

20   /..
....
....
....
....

20 /..

....

....

....

....

OCTOBER

20 /..

....

....

....

....

'About the beginning
of October they
gather the olives,
yet green, that they
intend to pickle for
eating (for about
the end of October
they turn black).'
JOHN LOCKE

20 /..

....

....

....

....

20 /..

....

....

....

....

20 /..

....

....

....

....

30

OCTOBER

'The additional
flowers in October
are almost confined
to the anemone
and scabious; and
the flowering trees
and shrubs to the
evergreen cytisus.
But the hedges ...
are now sparkling
with their abundant
berries.'
LEIGH HUNT

20 / ....
....
....
....
....

20 / ....
....
....
....
....

20 / ....
....
....
....
....

20 / ....
....
....
....
....

20 / ....
....
....
....
....

20 /...
....
....
....

31

OCTOBER

20 /...
....
....
....
....

20 /...
....
....
....
....

20 /...
....
....
....
....

20 /...
....
....
....
....

NOVEMBER

November's leaf is red and sear.

SIR WALTER SCOTT

20 /...

....

....

....

....

20 /...

....

....

....

....

20 /...

....

....

....

....

20 /...

....

....

....

....

20 /...

....

....

....

....

NOVEMBER

*Details of a Welwitschia
mirabilis, including
the cones, scales,
flower parts and seeds
that make up the
reproductive structures
of this amazing plant,
which grows in the
arid Namib desert
of southwest Africa.*

NOVEMBER

20 /...
....
....
....
....

20 /...
....
....
....
....

20 /...
....
....
....
....

20 /...
....
....
....
....

20 /...
....
....
....
....

3

NOVEMBER

20   /...
....
....
....
....

20   /...
....
....
....
....

20   /...
....
....
....
....

20   /...
....
....
....
....

20   /...
....
....
....
....

4

NOVEMBER

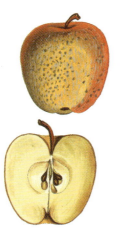

20   /...
....
....
....
....

20   /...
....
....
....
....

20   /...
....
....
....
....

20   /...
....
....
....
....

20   /...
....
....
....
....

20 / ....
....
....
....
....

NOVEMBER

20 / ....
....
....
....
....

20 / ....
....
....
....
....

"To appreciate
the wild and sharp
flavours of these
October fruits, it is
necessary that you
be breathing the
sharp October or
November air. What
is sour in the house
a bracing walk makes
sweet. Some of
these apples might
be labelled, "To be
eaten in the wind.""
HENRY DAVID
THOREAU

20 / ....
....
....
....
....

20 / ....
....
....
....
....

NOVEMBER

20   /..
....
....
....
....

20   /..
....
....
....
....

20   /..
....
....
....
....

20   /..
....
....
....
....

20   /..
....
....
....
....

20   /...

....

....

....

....

NOVEMBER

20   /...

....

....

....

....

'As well as any
bloom upon a flower
I like the dust on
the nettles, never lost
Except to prove
the sweetness
of a shower.'
EDWARD THOMAS

20   /...

....

....

....

....

20   /...

....

....

....

....

20   /...

....

....

....

....

8

NOVEMBER

20   /

20   /

20   /

20   /

20   /

9

NOVEMBER

20 /...

20 /...

20 /...

20 /...

20 /...

10

NOVEMBER

20   / ....
....
....
....
....

20   / ....
....
....
....
....

20   / ....
....
....
....
....

20   / ....
....
....
....
....

20   / ....
....
....
....
....

20   / ....
....
....
....
....

20   / ....
....
....
....
....

20   / ....
....
....
....
....

20   / ....
....
....
....
....

20   / ....
....
....
....
....

11

NOVEMBER

12

NOVEMBER

'I often wished
that I had clear,
For life, six hundred
pounds a-year,
A handsome house
to lodge a friend,
A river at my
garden's end,
A terrace walk,
and half a rood
Of land, set out
to plant a wood.'
JONATHAN SWIFT

20 / ....

20 / ....

20 / ....

20 / ....

20 / ....

13

NOVEMBER

20 /..
....
....
....
....

20 /..
....
....
....
....

20 /..
....
....
....
....

20 /..
....
....
....
....

20 /..
....
....
....
....

14

NOVEMBER

20   /...
....
....
....
....

20   /...
....
....
....
....

20   /...
....
....
....
....

20   /...
....
....
....
....

20   /...
....
....
....
....

20 /...
....
....
....
....

20 /...
....
....
....
....

20 /...
....
....
....
....

20 /...
....
....
....
....

20 /...
....
....
....
....

15

NOVEMBER

16

NOVEMBER

'Sir Edmund Pooly
carried me down
into the hold of the
India shipp, and there
did show me the
greatest wealth lie in
confusion that a man
can see in the world.
Pepper scattered
through every chink,
you trod upon it;
and in cloves and
nutmegs, I walked
above the knees:
whole rooms full.'

SAMUEL PEPYS

20   /...

20   /...

20   /...

20   /...

20   /...

NOVEMBER

20　/..

....

....

....

....

20　/..

....

....

....

....

20　/..

....

....

....

....

20　/..

....

....

....

....

20　/..

....

....

....

18

NOVEMBER

20 / ....
....
....
....
....

20 / ....
....
....
....
....

20 / ....
....
....
....
....

20 / ....
....
....
....
....

20 / ....
....
....
....
....

20 /..
....
....
....
....

∿OVEMBER

20 /..
....
....
....
....

'If I had to come
into a neglected
garden, I would
choose to start my
year in November.'
HELENA SWANWICK

20 /..
....
....
....
....

20 /..
....
....
....
....

20 /..
....
....
....
....

20

NOVEMBER

20 /...
....
....
....

20 /...
....
....
....

20 /...
....
....
....

20 /...
....
....
....

20 /...
....
....
....

21

NOVEMBER

20 / ....

20 / ....

20 / ....

20 / ....

20 / ....

'The weather is quite delicious. Yesterday, after writing to you, I strolled a little beyond the glade for an hour and a half and enjoyed myself – the fresh yet dark green of the grand Scotch firs … and a fringe of distant green from the larches, made an excessively pretty view.'
CHARLES DARWIN

22

NOVEMBER

'Autumne, the
Barber of the yeare,
that shaves bushes,
hedges, and trees;
the ragged prodigall
that consumes all
and leaves himself
nothing.... This bald-
pated Autumnus will
be seen walking up
and down groves,
medows, fields,
woods, parks, and
pastures, blasting
of fruites, and
beating leaves from
their trees.'
THOMAS DEKKER

20 /

20 /

20 /

20 /

20 /

23

NOVEMBER

20   /..
....
....
....
....

20   /..
....
....
....
....

20   /..
....
....
....
....

20   /..
....
....
....
....

20   /..
....
....
....
....

24

NOVEMBER

20 /

20 /

20 /

20 /

20 /

NOVEMBER

20   /..

....

....

....

20   /..

....

....

....

....

20   /..

....

....

....

20   /..

....

....

....

20   /..

....

....

....

26

NOVEMBER

'I am now as busy in planting for myself.... And I thank god for every wet Day and for every Fog, that gives me the headache, but prospers my works. They will indeed outlive me (if they do not die in their Travels from place to place; for my Garden, like my Life, seems, to me, every day to want correction, I hope, at least, for the better).'
ALEXANDER POPE

20   /...

20   /...

20   /...

20   /...

20   /...

27

NOVEMBER

20 /...
....
....
....
....

20 /...
....
....
....
....

20 /...
....
....
....
....

20 /...
....
....
....
....

20 /...
....
....
....

28

NOVEMBER

20 /..
....
....
....
....

20 /..
....
....
....
....

20 /..
....
....
....
....

20 /..
....
....
....
....

20 /..
....
....
....
....

20   / ....
....
....
....
....

NCVEMBER

20   / ....
....
....
....
....

20   / ....
....
....
....
....

20   / ....
....
....
....
....

20   / ....
....
....
....
....

30

NOVEMBER

20 /..
....
....
....
....

20 /..
....
....
....
....

20 /..
....
....
....
....

20 /..
....
....
....
....

20 /..
....
....
....
....

The flower and leaf of the baobab tree, with the fruit behind, from Curtis's Botanical Magazine (1828). The fruits were said to be traded by the Mandingo people of West Africa. Damaged fruit were burnt and the ash boiled with rancid palm oil to make soap. Dried leaves were mixed with food and used medicinally.

2791

DECEMBER

From heavy hearts the doleful dumps
the garden chaseth quite.

NICHOLAS GRIMALD

20 / ....
....
....
....
....

1

DECEMBER

20 / ....
....
....
....
....

20 / ....
....
....
....
....

20 / ....
....
....
....
....

20 / ....
....
....
....
....

The medicinal qualities of the white willow, Salix alba, have long been exploited by humans. The Egyptians, ancient Greeks and peoples of Southwest Asia all used it to treat fevers and pains, and inevitably many other complaints as well.

2

DECEMBER

20   /

20   /

20   /

20   /

20   /

3

DECEMBER

20 /...
....
....
....
....

20 /...
....
....
....
....
....

20 /...
....
....
....
....

20 /...
....
....
....
....

20 /...
....
....
....
....

'Records of changes
made in the garden,
a walk altered, a tree
taken out, or one
planted, a plot laid
down in grass, or a
new border made –
all of these, if duly
recorded in a garden-
book, become
matters of interest
in later years.'
HENRIETTA WILSON

4

DECEMBER

20 /...
....
....
....
....

20 /...
....
....
....
....

20 /...
....
....
....
....

'You may now
make hot-beds for
Asparagus to supply
the table about the
latter end of January,
for at this season
it will be near six
weeks from the time
of making the beds,
before the Asparagus
will be fit to cut.'
PHILIP MILLER

20 /...
....
....
....
....

20 /...
....
....
....
....

DECEMBER

20 /..

....

....

....

....

20 /..

....

....

....

....

20 /..

....

....

....

....

20 /..

....

....

....

....

20 /..

....

....

....

....

DECEMBER

20 /

20 /

20 /

20 /

20 /

DECEMBER

20 / ....
....
....
....
....

20 / ....
....
....
....
....

20 / ....
....
....
....
....

20 / ....
....
....
....
....

20 / ....
....
....
....
....

8

DECEMBER

20   /...
....
....
....
....

20   /...
....
....
....
....

20   /...
....
....
....
....

20   /...
....
....
....
....

20   /...
....
....
....

9

DECEMBER

20   / ....
....
....
....
....

20   / ....
....
....
....
....

20   / ....
....
....
....
....

20   / ....
....
....
....
....

20   / ....
....
....
....
....

10

DECEMBER

20   /

20   /

20   /

20   /

20   /

11

DECEMBER

20 / ....
....
....
....

20 / ....
....
....
....

20 / ....
....
....
....

20 / ....
....
....
....
....

20 / ....
....
....
....
....

12

DECEMBER

'Of all the
propensities of plants
none seem more
strange than their
different periods of
blossoming. Some
produce their flowers
in the winter ...
when we see the
helleborus foetidus
and helleborus
niger blowing
at Christmas.'
GILBERT WHITE

20   /..

20   /..

20   /..

20   /..

20   /..

13

DECEMBER

20   /...
....
....
....
....

20   /...
....
....
....
....

20   /...
....
....
....
....

20   /...
....
....
....
....

20   /...
....
....
....
....

14

DECEMBER

20   /..
....
....
....

20   /..
....
....
....

20   /..
....
....
....

20   /..
....
....
....

20   /..
....
....
....

20 / ....
....
....
....
....

15

DECEMBER

20 / ....
....
....
....
....

'Oh roses for
the flush of youth,
And laurel for the
perfect prime;
But pluck an ivy
branch for me
Grown old before
my time.'
CHRISTINA ROSSETTI

20 / ....
....
....
....
....

20 / ....
....
....
....
....

20 / ....
....
....
....
....

16

DECEMBER

20   /...
....
....
....

20   /...
....
....
....

20   /...
....
....
....

20   /...
....
....
....

20   /...
....
....
....

DECEMBER

20 / ....
....
....
....
....

20 / ....
....
....
....
....

20 / ....
....
....
....
....

20 / ....
....
....
....
....

20 / ....
....
....
....
....

18

DECEMBER

20 /...

20 /...

20 /...

20 /...

20 /...

19

DECEMBER

20   / ....
....
....
....
....

20   / ....
....
....
....
....

20   / ....
....
....
....
....

20   / ....
....
....
....
....

20   / ....
....
....
....
....

'It is not the least
Glory of a Garden
of Pleasure to be
stored with variety of
flowers, as to present
somewhat of Beauty
for every Month in
the year.... For there
are some flowers as
natural to December,
as others are to May,
or June, or July.'
ROBERT SHARROCK

20

DECEMBER

20 /...
....
....
....
....

20 /...
....
....
....
....

20 /...
....
....
....
....

20 /...
....
....
....
....

20 /...
....
....
....
....

20   /..

20   /..

20   /..

20   /..

20   /..

21

DECEMBER

22

DECEMBER

20 /

20 /

20 /

20 /

20 /

DECEMBER

20 / ....
....
....
....

20 / ....
....
....
....
....

20 / ....
....
....
....
....

20 / ....
....
....
....

20 / ....
....
....
....

24

DECEMBER

20   /..

20   /..

20   /..

20   /..

20   /..

20   /..
....
....
....
....

DECEMBER

20   /..
....
....
....
....

'At Christmas
I no more
desire a rose
Than wish a
snow in May's new-
fangled mirth;
But like of each thing
that in season grows.'
WILLIAM
SHAKESPEARE

20   /..
....
....
....
....

20   /..
....
....
....
....

20   /..
....
....
....
....

26

DECEMBER

20   /

20   /

20   /

20   /

20   /

27

DECEMBER

20 /

20 /

20 /

20 /

20 /

28

DECEMBER

'The woods were
in their winter sleep,
Rocked in that
repose divine
On the wind-swept
Apennine;
And dreaming, some
of Autumn past,
And some of Spring
approaching fast,
And some of April
buds and showers,
And some of songs
in July bowers,
And all of love.'
PERCY BYSSHE
SHELLEY

20 / ....

20 / ....

20 / ....

20 / ....

20 / ....

29

DECEMBER

20 /..

....

....

....

20 /..

....

....

....

20 /..

....

....

....

20 /..

....

....

....

20 /..

....

....

....

30

DECEMBER

20   /...
....
....
....

20   /...
....
....
....

20   /...
....
....
....

20   /...
....
....
....

20   /...
....
....
....

20   / ....

DECEMBER

20   / ....

20   / ....

20   / ....

20   / ....

Plants are truly remarkable: through their ability to harness the energy of the sun they are at the basis of many food chains, and even with our modern technological prowess they still feed us, clothe us, shelter us, help transport us, and can both intoxicate and cure us. From basic food staples to the most exotic and enchanting blooms, plants play a fundamental role in our lives and are essential for the wellbeing of our planet.

For anyone interested in the extraordinary beauty and diversity of flora around us, this covetable five-year journal, based on *Remarkable Plants That Shape Our World* by Helen and William Bynum and illustrated with botanical drawings, paintings and artworks from the collections of the Royal Botanic Gardens, Kew, will be an inspiration and a delight.

Cover image: Parrot tulips, from *Album van Eeden*, 1872

All images used in this journal are taken from illustrations from the Herbarium, Library, Art and Archives at the Royal Botanic Gardens, Kew.

Five-Year Journal © 2015 Thames & Hudson
Illustrations © 2015 The Board of Trustees
of the Royal Botanic Gardens, Kew

978-0-500-42028-7